Introduction

Bienvenue dans notre formation en ligne pour devenir un bon agent immobilier en France. Cette formation est conçue pour vous donner toutes les compétences et connaissances nécessaires pour réussir en tant qu'agent immobilier professionnel. Que vous soyez un débutant ou que vous ayez déjà une certaine expérience dans le domaine, cette formation vous aidera à vous perfectionner et à devenir un expert en immobilier.

Nous espérons que cette formation vous sera utile dans votre parcours pour devenir un agent immobilier accompli. En suivant cette formation, vous aurez toutes les compétences et connaissances nécessaires pour réussir dans cette profession passionnante. N'hésitez pas à nous contacter pour toute question ou commentaire.

Sommaire

Partie 1 : Introduction au métier d'agent immobilier

1.1 Définition et rôle de l'agent immobilier :

Le métier d'agent immobilier est souvent mal compris et peut sembler simple à première vue. Cependant, il s'agit d'un métier complexe qui nécessite une grande variété de compétences et de connaissances. La définition de l'agent immobilier est assez simple : il s'agit d'un professionnel qui s'occupe de la transaction immobilière. Mais en réalité, le rôle de l'agent immobilier va bien au-delà de cette simple définition.

L'agent immobilier a pour rôle de faciliter la vente, la location ou la gestion d'un bien immobilier. Il est l'intermédiaire entre les vendeurs ou les bailleurs et les acheteurs ou les locataires potentiels. Il doit donc être capable de comprendre les besoins et les exigences de chaque partie pour les satisfaire au mieux. Pour cela, l'agent immobilier doit posséder des compétences en vente, en négociation et en communication.

L'agent immobilier doit également être capable d'évaluer la valeur d'un bien immobilier en fonction du marché, de la région et des caractéristiques spécifiques du bien. Il doit ensuite promouvoir ce bien auprès d'acheteurs potentiels ou de locataires, en utilisant des techniques de marketing efficaces.

L'agent immobilier doit être à la fois responsable et éthique. Il doit respecter les obligations légales en matière de transaction immobilière et faire preuve de professionnalisme en toutes circonstances.

Enfin, le rôle de l'agent immobilier est complexe et exigeant, mais il peut également être très gratifiant. En acquérant les compétences et les connaissances nécessaires, il est possible de devenir un agent immobilier accompli et de réussir dans cette profession passionnante.

1.2 Éthique professionnelle :

L'éthique professionnelle est un aspect crucial pour tout agent immobilier. Elle implique le respect des règles et des normes déontologiques, ainsi que l'adoption de comportements responsables et éthiques dans l'exercice de sa profession. L'agent immobilier doit agir avec intégrité, impartialité et transparence dans toutes ses interactions avec ses clients et ses collègues.

Parmi les principes éthiques à respecter, on trouve notamment le devoir de confidentialité, qui oblige l'agent immobilier à ne pas divulguer d'informations confidentielles concernant ses clients ou leurs biens. L'agent immobilier doit également respecter les lois et les règlements en vigueur dans le domaine de l'immobilier, et notamment la loi Hoguet qui réglemente la profession.

L'éthique professionnelle implique également la loyauté envers ses clients, ainsi que l'honnêteté et la transparence dans les transactions immobilières. L'agent immobilier doit être capable de conseiller ses clients de manière impartiale et de les informer des risques et des avantages de chaque décision.

L'agent immobilier doit également faire preuve de compétence professionnelle. Il doit maintenir ses connaissances à jour, se tenir informé des évolutions du marché immobilier et se former régulièrement pour améliorer ses compétences.

L'éthique professionnelle est essentielle pour tout agent immobilier. Elle garantit la confiance de ses clients, renforce sa réputation et sa crédibilité, et contribue à l'excellence de sa profession.

1.3 Responsabilités et obligations légales :

Les agents immobiliers sont soumis à des obligations légales importantes pour protéger les intérêts de leurs clients et garantir des transactions immobilières équitables. Les responsabilités et obligations légales des agents immobiliers sont définies par la loi Hoguet, qui régit la profession en France.

L'agent immobilier est tenu d'informer ses clients de manière transparente et honnête sur tous les aspects liés à la transaction immobilière, notamment sur l'état du bien, ses caractéristiques, son prix, les charges associées et les éventuels défauts. Il doit également fournir des informations précises sur les conditions de vente ou de location, les délais et les modalités de paiement.

L'agent immobilier doit également s'assurer que les documents liés à la transaction sont complets et conformes à la loi. Il doit veiller à la validité des titres de propriété et s'assurer que toutes les autorisations nécessaires ont été obtenues pour la vente ou la location d'un bien.

Enfin, l'agent immobilier doit respecter le devoir de conseil envers ses clients. Il doit les accompagner dans toutes les étapes de la transaction immobilière, leur fournir des conseils avisés et les aider à prendre des décisions éclairées.

Les agents immobiliers qui ne respectent pas ces obligations légales peuvent être poursuivis en justice et encourir des sanctions disciplinaires, civiles ou pénales.

En résumé, les responsabilités et obligations légales des agents immobiliers sont essentielles pour garantir des transactions immobilières équitables et protéger les intérêts des clients. Les agents immobiliers doivent être conscients de ces obligations et s'assurer de les respecter en toutes circonstances.

1.4 Connaissance du marché immobilier :

La connaissance du marché immobilier est un élément clé pour tout agent immobilier. Cela implique d'avoir une bonne compréhension du marché local, des tendances de l'immobilier et des prix des biens immobiliers dans la région où l'agent opère. La connaissance du marché permet à l'agent immobilier de déterminer le juste prix pour un bien immobilier, de conseiller ses clients de manière éclairée et de négocier efficacement les transactions immobilières.

Pour être compétent dans son travail, l'agent immobilier doit être capable de collecter des données précises sur le marché immobilier, telles que les prix de vente, les délais de vente, les offres d'achat et les taux d'intérêt. Il doit également se tenir informé des évolutions du marché, telles que l'offre et la demande, les politiques gouvernementales et les événements économiques susceptibles d'affecter le marché immobilier.

La connaissance du marché immobilier est d'autant plus importante que chaque région a ses spécificités.

Les différences de marché entre les grandes villes et les zones rurales, par exemple, peuvent être considérables. En outre, les variations de prix peuvent être importantes entre des quartiers voisins.

En résumé, la connaissance du marché immobilier est cruciale pour tout agent immobilier. Elle permet de fournir des conseils avisés à ses clients, de négocier efficacement les transactions immobilières et de réussir dans son métier. Les agents immobiliers doivent donc investir dans leur formation continue pour se tenir informés des évolutions du marché et améliorer leur expertise.

Partie 2 : Les différentes étapes de la transaction immobilière

2.1 Prospection et acquisition de mandats :

La prospection et l'acquisition de mandats sont des étapes cruciales pour tout agent immobilier, car elles sont la base de son activité professionnelle. Le mandat de vente ou de location est un contrat par lequel le propriétaire d'un bien immobilier donne à un agent immobilier le pouvoir de le représenter et de le vendre ou le louer.

La prospection consiste à rechercher activement des biens immobiliers à vendre ou à louer. L'agent immobilier peut effectuer des démarches de prospection en utilisant différents moyens tels que les annonces immobilières, les réseaux sociaux, la presse locale, les relations publiques et le bouche-à-oreille. Il peut également se rendre dans les quartiers où il travaille pour identifier les biens susceptibles d'être vendus ou loués.

Une fois un bien immobilier identifié, l'agent immobilier doit convaincre le propriétaire de lui confier un mandat de vente ou de location. Pour cela, il doit présenter ses compétences, son expertise et sa connaissance du marché immobilier local. Il doit également fournir une estimation précise du prix de vente ou de location du bien et expliquer en détail les services qu'il propose pour la mise en vente ou en location du bien.

L'agent immobilier doit conclure le mandat en respectant toutes les obligations légales et éthiques. Il doit notamment informer le propriétaire des modalités du mandat, des délais de vente ou de location, des modalités de paiement et des obligations du propriétaire.

En somme, la prospection et l'acquisition de mandats sont des étapes clés de l'activité d'un agent immobilier. Elles nécessitent une connaissance précise du marché immobilier local, des compétences en marketing et en communication, ainsi qu'une capacité à établir des relations de confiance avec les propriétaires de biens immobiliers.

2.2 Évaluation du bien immobilier :

L'évaluation du bien immobilier est une étape cruciale dans le processus de vente ou de location d'un bien immobilier. Elle consiste à estimer la valeur marchande d'un bien immobilier en fonction de son état, de sa localisation, de ses caractéristiques et du marché immobilier local.

L'agent immobilier doit être en mesure d'évaluer le bien immobilier de manière précise et objective afin de déterminer le juste prix de vente ou de location. Pour cela, il peut utiliser différents outils tels que des comparables immobiliers, des études de marché, des statistiques immobilières et des expertises immobilières.

Les comparables immobiliers sont des biens similaires au bien immobilier évalué et qui ont été vendus récemment. Ces comparables sont utilisés pour établir une fourchette de prix et pour estimer la valeur du bien immobilier en fonction des prix de vente de biens similaires.

L'agent immobilier peut également réaliser une étude de marché pour analyser les tendances actuelles du marché immobilier local. Cette étude permet de déterminer si le marché est en hausse ou en baisse et si le bien immobilier évalué est susceptible de se vendre ou de se louer rapidement.

L'agent immobilier peut recourir à une expertise immobilière pour obtenir une estimation précise de la valeur marchande du bien immobilier. Cette expertise est réalisée par un expert immobilier indépendant et permet d'obtenir une estimation très précise de la valeur du bien immobilier.

En conclusion, l'évaluation du bien immobilier est une étape cruciale pour l'agent immobilier. Elle permet de déterminer le juste prix de vente ou de location du bien immobilier en fonction de son état, de sa localisation, de ses caractéristiques et du marché immobilier local. L'agent immobilier doit être en mesure d'évaluer le bien immobilier de manière précise et objective en utilisant différents outils et méthodes d'évaluation.

2.3 Marketing et promotion du bien :

Le marketing et la promotion du bien immobilier sont des étapes importantes dans la vente ou la location d'un bien immobilier. L'agent immobilier doit être en mesure de mettre en place une stratégie de marketing efficace pour promouvoir le bien immobilier auprès de potentiels acquéreurs ou locataires.

La première étape du marketing immobilier consiste à créer un dossier complet et attrayant pour le bien immobilier, qui inclut des photographies de qualité, une description détaillée du bien, des plans, ainsi que toutes les informations relatives au bien (surface, nombre de pièces, équipements, etc.).

Ensuite, l'agent immobilier doit diffuser l'annonce du bien immobilier sur différents supports de communication, tels que les sites internet d'annonces immobilières, les réseaux sociaux, les journaux locaux, les flyers, etc. Il doit également organiser des visites du bien immobilier pour les potentiels acquéreurs ou locataires intéressés.

Pour optimiser la visibilité du bien immobilier, l'agent immobilier peut également organiser des événements promotionnels tels que des journées portes ouvertes, des visites virtuelles en 3D, des vidéos de présentation, etc. L'objectif est de susciter l'intérêt et l'envie chez les potentiels acquéreurs ou locataires.

L'agent immobilier doit également être en mesure de négocier avec les acheteurs ou les locataires potentiels pour trouver un accord satisfaisant pour toutes les parties.

En somme, le marketing et la promotion du bien immobilier sont des étapes essentielles pour la vente ou la location d'un bien immobilier. L'agent immobilier doit être en mesure de mettre en place une stratégie de marketing efficace pour promouvoir le bien immobilier auprès de potentiels acquéreurs ou locataires. Cela implique la création d'un dossier complet et attrayant pour le bien immobilier, la diffusion de l'annonce sur différents supports de communication, l'organisation d'événements promotionnels, et la négociation avec les potentiels acquéreurs ou locataires.

2.4 Visites et négociation :

La visite du bien immobilier est une étape cruciale dans la vente ou la location d'un bien immobilier. L'agent immobilier doit être en mesure de présenter le bien immobilier de manière attractive et de répondre aux questions des potentiels acheteurs ou locataires. Il doit également être en mesure de mettre en avant les points forts du bien immobilier et de proposer des solutions pour les points faibles.

Lors des visites, l'agent immobilier doit être en mesure de créer un lien de confiance avec les acheteurs ou locataires potentiels. Il doit être professionnel et à l'écoute de leurs besoins, tout en leur fournissant des informations précises et transparentes sur le bien immobilier.

Une fois que des offres ont été faites sur le bien immobilier, l'agent immobilier doit être en mesure de négocier avec les acheteurs ou les locataires potentiels pour trouver un accord satisfaisant pour toutes les parties. Cela implique de connaître les prix pratiqués sur le marché immobilier local et de comprendre les motivations et les attentes de l'acheteur ou du locataire potentiel.

L'agent immobilier doit également être en mesure de gérer les différentes étapes du processus de négociation, de la proposition d'offres jusqu'à la signature du contrat de vente ou de location.

2.5 Rédaction du contrat de vente et clôture de la transaction :

Une fois que les parties ont convenu des termes de la transaction, il est essentiel pour l'agent immobilier de rédiger un contrat de vente qui reflète précisément ces termes. La rédaction du contrat de vente est une étape cruciale car elle permet d'établir des preuves écrites des obligations et des engagements des parties concernées.

L'agent immobilier doit être en mesure de rédiger un contrat de vente complet et précis qui inclut toutes les conditions de la transaction, y compris le prix, les dates de clôture, les obligations et les garanties des parties. Il est également important que l'agent immobilier s'assure que toutes les parties ont compris et accepté les termes du contrat avant de signer.

Une fois que le contrat de vente est signé, l'agent immobilier doit veiller à la clôture de la transaction en coordonnant avec les différentes parties impliquées dans la transaction, telles que les avocats, les notaires et les banques. Il est important que l'agent immobilier suive les délais convenus pour s'assurer que la transaction se déroule sans accroc.

L'agent immobilier doit également s'assurer que toutes les formalités légales sont respectées et que toutes les obligations financières sont remplies avant de clôturer la transaction. Cela comprend la vérification de l'identité des parties, la vérification des documents juridiques et financiers et la coordination de la remise des clés.

Partie 3 : Connaissances juridiques et réglementaires

3.1 Loi Hoguet et réglementation applicable à l'activité d'agent immobilier :

La loi Hoguet, ou loi n°70-9 du 2 janvier 1970 réglementant les conditions d'exercice des activités relatives à certaines opérations portant sur les immeubles et les fonds de commerce, est la loi qui régit l'activité d'agent immobilier en France. Cette loi vise à protéger les consommateurs en établissant des normes de déontologie et en réglementant les activités des professionnels de l'immobilier.

Selon la loi Hoguet, les agents immobiliers doivent être titulaires d'une carte professionnelle délivrée par la chambre de commerce et d'industrie. Cette carte est délivrée sous certaines conditions, notamment la justification d'une garantie financière et d'une assurance responsabilité civile professionnelle.

La loi Hoguet établit également des règles de déontologie pour les agents immobiliers, tels que l'obligation de transparence dans la présentation des biens, l'interdiction de percevoir des honoraires sans avoir réalisé une mission, et l'obligation de fournir une information claire et précise sur les prix pratiqués.

En plus de la loi Hoguet, il existe d'autres réglementations applicables à l'activité d'agent immobilier, telles que la loi Alur (Accès au logement et urbanisme rénové), la loi Pinel (dispositif de défiscalisation pour l'investissement locatif) et le règlement général de l'Autorité des marchés financiers.

Il est essentiel pour les agents immobiliers de connaître et de respecter ces lois et réglementations afin d'assurer un service de qualité à leurs clients et de se conformer aux normes éthiques et professionnelles de l'industrie immobilière.

3.2 Les différents types de baux et les obligations des parties :

Le bail est un contrat qui lie un propriétaire et un locataire pour l'occupation d'un bien immobilier. Il existe différents types de baux, qui peuvent varier en fonction du type de bien immobilier, de la durée du contrat, des modalités de paiement et des obligations des parties.

Le bail d'habitation est le plus courant et est régi par la loi du 6 juillet 1989. Ce type de bail peut être conclu pour une durée minimale de trois ans pour une location vide et d'un an pour une location meublée. Le locataire a l'obligation de payer le loyer et les charges, tandis que le propriétaire doit fournir un logement décent, réaliser les travaux nécessaires et respecter le préavis en cas de fin de contrat.

Le bail commercial, quant à lui, concerne la location de locaux commerciaux. Il est régi par le Code de commerce et peut être conclu pour une durée minimale de neuf ans. Le locataire a l'obligation de payer le loyer et les charges, mais peut également bénéficier d'un droit au renouvellement du bail. Le propriétaire doit, quant à lui, fournir des locaux en bon état et réaliser les travaux nécessaires.

Enfin, le bail professionnel concerne la location de locaux destinés à l'exercice d'une profession libérale. Il peut être conclu pour une durée minimale de six ans et est régi par le Code civil. Les obligations des parties sont similaires à celles du bail commercial.

Il est essentiel pour les agents immobiliers de bien comprendre les différentes obligations des parties pour chaque type de bail, afin de pouvoir conseiller au mieux leurs clients et éviter les litiges. En outre, les agents immobiliers doivent s'assurer que les baux rédigés sont conformes à la réglementation en vigueur et respectent les intérêts des deux parties.

3.3 Les diagnostics immobiliers obligatoires :

Les diagnostics immobiliers sont des études techniques qui permettent d'évaluer l'état du bien immobilier et d'informer les futurs acquéreurs ou locataires sur certains aspects importants du bien. Ces diagnostics sont obligatoires et permettent de protéger les parties prenantes en garantissant la sécurité et la santé des occupants.

Les diagnostics immobiliers obligatoires comprennent notamment :

-        **Le diagnostic de performance énergétique (DPE)** : il permet d'évaluer la consommation d'énergie du logement et de déterminer sa classe énergétique. Il est obligatoire pour la vente et la location d'un bien immobilier.

-        **Le diagnostic amiante** : il vise à détecter la présence de matériaux contenant de l'amiante dans le bien immobilier. Il est obligatoire pour les bâtiments construits avant 1997.

-        **Le diagnostic plomb** : il permet de détecter la présence de plomb dans les peintures des logements construits avant 1949. Il est obligatoire pour la vente et la location d'un bien immobilier.

-        **Le diagnostic termites** : il est obligatoire dans certaines zones pour la vente d'un bien immobilier.

-        **Le diagnostic gaz et électricité** : ils sont obligatoires pour les logements disposant d'une installation de plus de 15 ans.

Les agents immobiliers doivent s'assurer que les diagnostics immobiliers obligatoires sont réalisés avant la vente ou la location d'un bien immobilier, et que les résultats sont communiqués aux parties prenantes. Ils doivent également être en mesure de conseiller leurs clients sur la réalisation de diagnostics complémentaires en fonction des particularités du bien immobilier.

3.4 Les règles de copropriété :

La copropriété est une forme d'organisation de la propriété immobilière dans laquelle un immeuble est divisé en plusieurs lots, chacun appartenant à un propriétaire différent. Les propriétaires de ces lots sont copropriétaires et ont des droits et des obligations envers la copropriété. L'agent immobilier doit donc connaître les règles de copropriété qui régissent cette forme de propriété.

Les règles de copropriété sont fixées par la loi et sont complétées par le règlement de copropriété, qui est propre à chaque immeuble en copropriété. Les règles de copropriété concernent notamment les parties communes de l'immeuble, les décisions prises en assemblée générale, les charges et les travaux à la charge de la copropriété, la gestion de la copropriété et la résolution des litiges.

L'agent immobilier doit connaître les règles de copropriété pour conseiller au mieux ses clients. Il doit être capable de lire et de comprendre le règlement de copropriété, de conseiller les copropriétaires sur les décisions à prendre en assemblée générale et de négocier les charges de copropriété avec les propriétaires.

Enfin, l'agent immobilier doit être en mesure d'assister ses clients dans toutes les étapes de la vente ou de l'achat d'un lot en copropriété, en veillant notamment à la régularité des procédures et des documents relatifs à la copropriété.

3.5 : Les procédures d'urbanisme et de construction :

L'agent immobilier doit également connaître les procédures d'urbanisme et de construction qui encadrent la réalisation des projets immobiliers. Les projets immobiliers sont soumis à des règles strictes qui visent à garantir la sécurité et la qualité des constructions, ainsi que le respect de l'environnement.

Les procédures d'urbanisme et de construction comprennent notamment l'obtention des autorisations de construire, comme le permis de construire ou la déclaration de travaux, ainsi que la vérification de la conformité des projets avec les règles d'urbanisme en vigueur dans la commune.

L'agent immobilier doit être en mesure de conseiller ses clients sur les règles d'urbanisme applicables à leur projet, les procédures à suivre pour obtenir les autorisations nécessaires, ainsi que les risques et les conséquences en cas de non-respect de ces règles.

Il doit également connaître les différentes normes de construction en vigueur et être en mesure d'accompagner ses clients dans la réalisation de leur projet immobilier en veillant à la qualité des travaux et à la conformité des installations.

En somme, la maîtrise des procédures d'urbanisme et de construction est indispensable pour exercer le métier d'agent immobilier de manière professionnelle et efficace, afin de garantir la sécurité et la satisfaction de ses clients.

Partie 4 : Techniques de vente et de négociation

4.1 : Les principes de base de la vente :

La vente est un élément central de l'activité d'un agent immobilier. Elle consiste à mettre en relation un vendeur et un acheteur afin de réaliser une transaction immobilière. Pour être un bon agent immobilier, il est essentiel de maîtriser les principes de base de la vente.

Le premier principe de base de la vente est l'écoute active. Un agent immobilier doit être capable d'écouter les besoins et les attentes de ses clients pour mieux les comprendre et les accompagner tout au long du processus de vente. Il doit être à l'écoute de leurs besoins, leurs contraintes, leurs attentes pour adapter sa stratégie de vente en conséquence.

Le deuxième principe de base de la vente est la persuasion. L'agent immobilier doit être capable de convaincre son client que le bien qu'il propose correspond à ses attentes et qu'il constitue un investissement sûr. Pour cela, il doit mettre en avant les atouts du bien, son emplacement, ses qualités intrinsèques et valoriser ses caractéristiques.

Le troisième principe de base de la vente est la confiance. L'agent immobilier doit inspirer confiance à ses clients en étant transparent et en respectant ses engagements. Il doit être capable d'expliquer clairement les différentes étapes de la vente, les obligations légales, les frais de notaire, et les délais de réalisation de la vente.

En somme, un bon agent immobilier doit maîtriser les principes de base de la vente pour accompagner ses clients de manière professionnelle et efficace, en étant à l'écoute de leurs besoins, persuasif et inspirant confiance.

4.2 : Techniques de communication et de persuasion :

Lorsqu'il s'agit de vendre un bien immobilier, la communication et la persuasion sont des compétences clés pour réussir. Les agents immobiliers doivent être en mesure de communiquer efficacement avec les clients, de comprendre leurs besoins et de répondre à leurs questions de manière claire et concise.

Il est important de commencer par établir une relation de confiance avec le client en écoutant attentivement ses besoins et en montrant que l'on est à l'écoute de ses préoccupations. Il est également essentiel d'utiliser un langage clair et simple afin de rendre les informations facilement compréhensibles.

Une autre compétence importante pour les agents immobiliers est la capacité à persuader les clients de prendre une décision en faveur du bien immobilier qu'ils proposent. Pour ce faire, les agents immobiliers peuvent utiliser des techniques de persuasion telles que la preuve sociale (en montrant des témoignages de clients satisfaits), l'urgence (en soulignant que le bien est disponible pour une durée limitée) ou encore la rareté (en mettant en avant les caractéristiques uniques du bien).

Enfin, les agents immobiliers doivent également être en mesure de traiter les objections et de fournir des réponses convaincantes aux préoccupations des clients. Cela nécessite une bonne compréhension du marché immobilier, du bien en question et de la concurrence.

En somme, les techniques de communication et de persuasion sont essentielles pour réussir dans le domaine de la vente immobilière. Les agents immobiliers qui maîtrisent ces compétences sont mieux équipés pour répondre aux besoins des clients, persuader les acheteurs potentiels d'acheter un bien immobilier et, en fin de compte, réaliser des ventes réussies.

4.3 : Gestion des objections et des conflits :

La gestion des objections et des conflits est une compétence essentielle pour tout agent immobilier qui souhaite réussir dans son métier. Les objections sont des réticences ou des oppositions émises par les clients, tandis que les conflits sont des désaccords ou des disputes entre différentes parties prenantes.

Pour gérer les objections, il est important de comprendre les raisons sous-jacentes de l'objection et de répondre de manière claire et concise. Écouter activement le client est essentiel pour comprendre ses besoins et ses préoccupations. Il est également important d'avoir une bonne connaissance des caractéristiques du bien immobilier et de son marché pour répondre avec confiance et autorité aux objections éventuelles.

Quant à la gestion des conflits, elle nécessite une grande maîtrise de soi et une grande capacité à gérer les émotions. Il est important d'écouter attentivement toutes les parties prenantes et de chercher à comprendre les points de vue de chacun. La recherche de solutions qui satisfont les intérêts de toutes les parties est souvent le meilleur moyen de résoudre les conflits. La négociation peut être utilisée pour arriver à un compromis qui est acceptable pour toutes les parties.

En fin de compte, la gestion des objections et des conflits est un processus continu qui nécessite une communication claire et ouverte, une écoute active et une capacité à trouver des solutions qui satisfont les intérêts de toutes les parties prenantes

4.4 : Négociation commerciale :

Le point 4.4 de la partie 4 aborde un aspect crucial de la formation d'un bon agent immobilier en France : la négociation commerciale. En effet, la capacité à négocier de manière efficace et respectueuse est un élément clé de la réussite dans le métier de l'immobilier, car elle permet d'aboutir à des accords satisfaisants pour toutes les parties impliquées.

La négociation commerciale implique un certain nombre d'étapes importantes, telles que l'écoute active, la formulation de propositions concrètes et avantageuses, la gestion des objections et des conflits, et enfin la conclusion d'un accord satisfaisant pour toutes les parties. Il est essentiel de comprendre les motivations et les besoins de chaque partie impliquée dans la transaction immobilière, afin de trouver un terrain d'entente et de parvenir à un accord gagnant-gagnant.

Lors de la négociation, il est également important de faire preuve de tact et de diplomatie, en évitant les confrontations inutiles et en cherchant plutôt à établir une relation de confiance avec les parties prenantes. Les techniques de persuasion, telles que la présentation d'arguments solides et l'utilisation d'exemples concrets, peuvent également être utiles pour convaincre les parties de l'intérêt d'un accord.

Enfin, une bonne négociation commerciale se termine par la conclusion d'un accord clair et précis, qui fixe les termes de la transaction immobilière et les obligations de chacune des parties. La rédaction d'un contrat de vente solide est donc un élément clé de la négociation commerciale, car il garantit que toutes les conditions convenues sont clairement définies et respectées par toutes les parties impliquées.

Partie 5 : Gestion et organisation de l'activité

5.1 : Planification et organisation du temps de travail :

En tant qu'agent immobilier, il est essentiel de planifier et d'organiser son temps de travail de manière efficace pour maximiser sa productivité et ses résultats. La planification du temps de travail doit permettre à l'agent immobilier de gérer efficacement ses différentes activités professionnelles, telles que la prospection de clients, la gestion des mandats, les visites de biens, les négociations, les contrats de vente, les suivis de clients, etc.

Pour planifier efficacement son temps de travail, l'agent immobilier doit avant tout établir ses objectifs à court et à long terme, déterminer ses priorités et identifier les tâches qui lui demandent le plus de temps et d'efforts. Il doit également évaluer les ressources à sa disposition (humaines, financières, technologiques) et les intégrer dans sa planification.

La gestion de l'agenda est une des clés de la planification du temps de travail de l'agent immobilier. Il est important de prévoir des plages horaires pour chaque activité professionnelle, en fonction de son importance et de son urgence. Il est également recommandé de prévoir des temps de pause pour éviter l'épuisement professionnel et le stress.

L'organisation du temps de travail passe également par la mise en place d'outils de gestion de la relation client, tels que les logiciels de CRM (Customer Relationship Management), qui permettent de gérer efficacement les contacts avec les clients, les rendez-vous et les tâches à accomplir.

Enfin, l'agent immobilier doit savoir s'adapter aux imprévus et aux urgences qui peuvent survenir au cours de son travail. Pour cela, il doit rester flexible dans sa planification et savoir réorganiser son temps de travail en conséquence.

5.2 : Gestion de la relation client :

La gestion de la relation client est un aspect crucial de l'activité d'un agent immobilier, car elle peut faire la différence entre une vente réussie et une vente ratée. La qualité de la relation que vous établissez avec vos clients est un élément essentiel de votre réputation et de votre réussite en tant qu'agent immobilier.

Pour bien gérer la relation client, il est important d'établir une bonne communication dès le début de la relation. Vous devez être clair sur vos objectifs, vos attentes et vos limites, tout en écoutant attentivement les besoins et les attentes de vos clients. Vous devez également être en mesure de répondre rapidement et efficacement aux demandes et aux questions de vos clients, en utilisant les moyens de communication les plus appropriés, tels que le téléphone, le courrier électronique ou les réseaux sociaux.

La gestion de la relation client implique également la mise en place d'un suivi régulier et personnalisé. Vous devez garder vos clients informés de l'avancement de leur dossier, de l'état du marché et des nouvelles opportunités. Vous devez également leur offrir un service après-vente de qualité, en les aidant à résoudre les éventuels problèmes ou difficultés qu'ils pourraient rencontrer.

Enfin, la gestion de la relation client doit être basée sur une relation de confiance et de respect mutuel.

Vous devez être honnête, transparent et respectueux des besoins et des attentes de vos clients, tout en défendant vos intérêts de manière professionnelle et éthique. En construisant une relation de confiance et de respect mutuel avec vos clients, vous serez en mesure de développer une clientèle fidèle et satisfaite, qui sera la clé de votre réussite en tant qu'agent immobilier.

5.3 : Gestion administrative et financière de l'activité :

La gestion administrative et financière est un aspect important de l'activité d'un agent immobilier. Pour réussir dans ce domaine, il est nécessaire d'être organisé et rigoureux dans la gestion de ses documents et de son temps.

L'agent immobilier doit être en mesure de gérer les différentes tâches administratives liées à la vente ou à la location d'un bien immobilier, telles que la rédaction de contrats de location ou de vente, la gestion des dossiers de candidature, la tenue de registres de ventes ou de locations, etc.

En plus de cela, il est essentiel de maîtriser les principes de base de la gestion financière pour pouvoir établir des budgets, prévoir les coûts de fonctionnement, gérer les revenus et les dépenses de l'entreprise, et suivre les paiements et les encaissements.

La gestion administrative et financière inclut également la gestion de la relation avec les fournisseurs et les prestataires de services, tels que les notaires, les diagnostiqueurs, les experts-comptables, etc. L'agent immobilier doit être en mesure de négocier les prix et les termes des contrats pour optimiser ses coûts et ses bénéfices.

Enfin, l'agent immobilier doit également se conformer aux obligations légales en matière de comptabilité et de fiscalité, en gardant une trace précise de toutes les transactions financières de l'entreprise et en payant les impôts et les taxes exigibles dans les délais impartis.

En somme, une bonne gestion administrative et financière est indispensable pour assurer le succès et la pérennité de l'activité d'un agent immobilier.

Partie 6 : Marketing immobilier

6.1 : Les outils de marketing et de communication pour promouvoir un bien immobilier :

Pour promouvoir un bien immobilier, l'agent immobilier doit utiliser différents outils de marketing et de communication. Tout d'abord, il peut utiliser les médias traditionnels, tels que les journaux locaux et les magazines immobiliers, pour annoncer la mise en vente ou en location du bien. Il peut également utiliser des panneaux publicitaires situés devant le bien, ou encore distribuer des flyers et des brochures dans les boîtes aux lettres de la région.

L'agent immobilier peut également utiliser les outils de marketing numérique pour promouvoir le bien immobilier. Cela peut inclure la création d'un site web dédié pour le bien, avec des photos et des descriptions détaillées, ainsi que des vidéos et des visites virtuelles pour donner aux acheteurs potentiels une expérience immersive du bien. Les réseaux sociaux sont également un outil de marketing important pour l'agent immobilier, où il peut publier des annonces et des photos du bien, ainsi que répondre aux questions des acheteurs potentiels.

Enfin, l'agent immobilier peut organiser des événements de promotion pour le bien, tels que des journées portes ouvertes ou des visites guidées. Cela donne aux acheteurs potentiels une opportunité de voir le bien en personne et de poser des questions à l'agent immobilier.

Dans tous les cas, l'agent immobilier doit s'assurer que la promotion du bien est adaptée au public cible et qu'elle met en avant les caractéristiques et les avantages du bien de manière convaincante et attractive. Cela peut aider à attirer des acheteurs potentiels et à conclure rapidement la vente ou la location du bien immobilier.

6.2 : Les stratégies pour générer des leads qualifiés :

La génération de leads qualifiés est un élément essentiel pour les agents immobiliers car cela leur permet de trouver des clients potentiels intéressés par l'achat ou la vente d'un bien immobilier. Il existe plusieurs stratégies pour générer des leads qualifiés.

La première stratégie est d'utiliser les réseaux sociaux pour promouvoir les biens immobiliers. Les agents immobiliers peuvent créer une page professionnelle sur Facebook, LinkedIn ou Instagram et y publier régulièrement des photos et des descriptions de leurs biens immobiliers. Ils peuvent également utiliser des publicités ciblées pour atteindre un public spécifique.

Une autre stratégie est de participer à des événements locaux tels que des salons immobiliers ou des foires commerciales pour rencontrer des personnes intéressées par l'achat ou la vente d'un bien immobilier. Les agents immobiliers peuvent également organiser des événements tels que des journées portes ouvertes pour présenter leurs biens immobiliers.

Le marketing par courriel est également un outil efficace pour générer des leads qualifiés. Les agents immobiliers peuvent utiliser des logiciels de gestion de courrier électronique pour envoyer des newsletters à leurs abonnés avec des informations sur les nouveaux biens immobiliers disponibles ou les dernières tendances du marché immobilier.

Enfin, les agents immobiliers peuvent collaborer avec d'autres professionnels de l'immobilier tels que des avocats ou des experts en hypothèques pour obtenir des références de clients potentiels. Cette stratégie est particulièrement utile pour les agents immobiliers qui travaillent dans des zones géographiques spécifiques où ils peuvent établir des relations étroites avec d'autres professionnels de l'immobilier.

6.3 : La gestion de la marque personnelle :

Dans le domaine de l'immobilier, la concurrence est rude et il est important pour un agent immobilier de se démarquer. La gestion de la marque personnelle est donc une étape cruciale pour réussir dans ce métier. En effet, la marque personnelle d'un agent immobilier représente l'image qu'il souhaite véhiculer auprès de ses clients et prospects.

La première étape pour la gestion de la marque personnelle est la définition de sa propre identité professionnelle. Il est important de réfléchir aux valeurs que l'on souhaite mettre en avant, à ses compétences et à sa vision du métier. Ensuite, il convient de choisir une stratégie de communication adaptée pour diffuser son message. Cette stratégie peut passer par la création d'un site web professionnel, d'un blog, d'une présence sur les réseaux sociaux ou encore par la publication régulière d'articles dans des journaux locaux ou spécialisés.

La gestion de la marque personnelle peut également passer par la mise en place de partenariats avec d'autres professionnels de l'immobilier, comme des architectes, des notaires ou des promoteurs immobiliers. Cela permet de renforcer sa visibilité et de se positionner en tant qu'expert dans son domaine.

Enfin, pour gérer efficacement sa marque personnelle, il est important de surveiller sa réputation en ligne. Les avis clients sur les réseaux sociaux et les plateformes d'avis peuvent avoir un impact important sur la perception que les clients ont de l'agent immobilier. Il est donc essentiel de répondre rapidement et de manière professionnelle à tous les commentaires, qu'ils soient positifs ou négatifs.

Partie 7 : Les nouvelles tendances du marché immobilier

7.1 : Les évolutions technologiques et leur impact sur le métier d'agent immobilier :

Le métier d'agent immobilier a connu une évolution considérable ces dernières années grâce aux avancées technologiques. Les agents immobiliers doivent s'adapter aux nouvelles technologies pour rester compétitifs et fournir un service de qualité à leurs clients. L'impact le plus important de la technologie sur le métier d'agent immobilier est la disponibilité de l'information en ligne. Les clients ont maintenant accès à une multitude d'informations sur les biens immobiliers en vente ou en location, ce qui leur permet de faire des recherches préliminaires avant de contacter un agent immobilier. Cela signifie que les agents immobiliers doivent maintenant être en mesure de fournir des informations plus détaillées et précises sur les propriétés qu'ils représentent.

Les outils technologiques tels que les logiciels de gestion immobilière, les plateformes de marketing en ligne, les réseaux sociaux et les visites virtuelles ont également considérablement amélioré les processus commerciaux de l'agent immobilier. Les agents peuvent maintenant gérer les transactions plus rapidement et plus efficacement, fournir des visites virtuelles aux clients, communiquer avec eux à distance, et gérer les tâches administratives en ligne. De plus, les logiciels de gestion immobilière peuvent aider les agents à suivre les prospects, à gérer les listes de biens, à établir des rapports financiers et à automatiser les tâches administratives.

Cependant, les technologies ont également créé une concurrence accrue pour les agents immobiliers. Les portails immobiliers et les plateformes de vente en ligne ont rendu plus facile pour les propriétaires de vendre leur propre propriété sans l'aide d'un agent immobilier. Les agents doivent donc être en mesure de se différencier et de fournir une valeur ajoutée à leurs clients pour justifier leurs honoraires.

En conclusion, la technologie a eu un impact important sur le métier d'agent immobilier en offrant plus d'informations aux clients, en améliorant les processus commerciaux et en créant une concurrence accrue. Les agents immobiliers doivent s'adapter aux nouvelles technologies pour rester compétitifs, mais doivent également offrir une valeur ajoutée à leurs clients pour se différencier.

7.2 : Les nouvelles tendances du marché immobilier :

Le marché immobilier est en constante évolution et de nouvelles tendances apparaissent régulièrement. Parmi celles-ci, on peut notamment noter l'essor des investissements locatifs et des locations de courte durée. Les propriétaires cherchent de plus en plus à rentabiliser leur bien immobilier en le mettant en location, que ce soit à des particuliers ou à des professionnels.

La tendance à la colocation est également en augmentation, notamment chez les jeunes actifs ou les étudiants. Les appartements en colocation sont souvent plus grands et plus confortables que les studios, et permettent de réduire les coûts.

Un autre phénomène qui prend de l'ampleur est celui de l'immobilier écologique. Les biens immobiliers respectueux de l'environnement sont de plus en plus recherchés, que ce soit pour la construction de maisons individuelles ou pour la rénovation de bâtiments anciens. Les systèmes de chauffage et de climatisation écologiques, les panneaux solaires et les matériaux de construction durables sont autant de critères qui sont pris en compte par les acheteurs.

Enfin, l'essor des nouvelles technologies a également un impact sur le marché immobilier. Les visites virtuelles, les outils de réalité augmentée ou encore les applications mobiles de recherche immobilière sont autant d'outils qui facilitent la recherche et la vente de biens immobiliers.

Il est donc important pour les agents immobiliers de se tenir informés de ces tendances pour adapter leur offre et leur communication en fonction des attentes du marché.

7.3 : Les nouvelles pratiques de travail en agence immobilière :

Le marché immobilier est en constante évolution, et les pratiques de travail en agence immobilière doivent s'adapter pour rester compétitives. Les nouvelles pratiques de travail visent à offrir un meilleur service à la clientèle tout en augmentant la productivité de l'agence.

L'une des principales tendances est l'utilisation de la technologie pour améliorer les processus de travail. Les agences immobilières peuvent utiliser des logiciels de gestion de la relation client pour gérer plus efficacement les contacts et les relations avec les clients. Des outils tels que la signature électronique et la visite virtuelle permettent également de gagner du temps et de réduire les coûts liés aux déplacements.

Une autre tendance est la flexibilité du travail. De nombreux agents immobiliers travaillent de manière indépendante et sont en mesure de travailler à distance grâce à des outils de communication en ligne. Cela permet de réduire les coûts liés à la location d'un bureau et offre une plus grande flexibilité pour les horaires de travail.

Enfin, les agences immobilières cherchent de plus en plus à offrir une expérience client personnalisée et à se différencier de leurs concurrents en se concentrant sur les relations avec les clients. Cela peut se faire par l'écoute des besoins et des désirs du client, ainsi que par la proposition de solutions innovantes et personnalisées.

En somme, les nouvelles pratiques de travail en agence immobilière visent à améliorer la productivité, la flexibilité et l'expérience client. Les agences immobilières qui réussissent à intégrer ces nouvelles pratiques seront mieux placées pour rester compétitives dans un marché en constante évolution.

Conclusion

En conclusion, cette formation à destination des agents immobiliers a permis d'aborder de nombreux aspects du métier, depuis la prospection jusqu'à la clôture de la transaction, en passant par l'évaluation des biens, la négociation ou encore la gestion administrative et financière de l'activité. Nous avons également vu l'importance de la connaissance du marché immobilier, des réglementations en vigueur, des différentes techniques de communication et de persuasion, et de la gestion de la relation client.

De plus, la formation a mis en avant les évolutions technologiques et les nouvelles tendances du marché immobilier, ainsi que les nouvelles pratiques de travail en agence immobilière. Les outils de marketing et de communication pour promouvoir un bien immobilier ont également été abordés, de même que les stratégies pour générer des leads qualifiés et la gestion de la marque personnelle.

En somme, cette formation a permis de se familiariser avec l'ensemble des compétences requises pour exercer le métier d'agent immobilier dans un contexte en constante évolution. Elle offre des connaissances théoriques et pratiques, permettant aux agents immobiliers d'améliorer leurs compétences professionnelles et de mieux répondre aux attentes de leur clientèle.

www.ingramcontent.com/pod-product-compliance
Lightning Source LLC
Chambersburg PA
CBHW070915220526
45466CB00005B/2229